Ausflugstipps mit Kindern

Im Tessin unterwegs

Region Locarno

1. Auflage 2015
© TRESIEMI . CH-6596 Gordola

Text, Fotos & Herstellung: Nadja Tresiemi
www.garni-elisabetta.ch . www.ausflugstipps-locarno.ch

Herstellung und Verlag:
BoD - Books on Demand, Norderstedt
ISBN 9783738610550

Inhalt

Tipp 1
Monte Verità - Den Hügel erleben

Wo: Monte Verità bei Ascona (oberhalb)

Dauer/Länge: 1 - 5 Stunden

Ausrüstung: nach Witterung

Charakter: Spielplatz, Wiese, Wälder, Hügel. zum joggen, zum austoben oder Ruhe geniessen. Kräutergarten.

Der Monte Verità ist sehr gut und schnell erreichbar. Von Ascona, Ronco, oder Losone her. Er bietet Freizeitmöglichkeiten für jung und alt. Die grosse Wiese lädt zum springen ein, daneben ein grosser Kinderspielplatz. Einen Vitaparcour im Wald, anschauen wie Tee angebaut wird, probieren und degustieren im Teehaus. Folgen Sie dem Museums- und Kulturpfad, buchen Sie geführte Führungen oder geniessen Sie einfach nur ein paar Stunden an diesem schönen Ort.

Bestaunen Sie die exotischen Pflanzen entlang der Spazierwege, absolvieren Sie den Magnetparcours "Arcobaleno di Chiara", erklimmen Sie einen der vier Aussichtspunkte, um den Blick auf die Tessiner Täler und den Lago Maggiore zu geniessen, spielen Sie eine Partie Tennis oder machen Sie es sich einfach auf der Terrasse des Restaurants Monte Verità gemütlich.

Der Tennisplatz liegt herrlich inmitten der Parkanlagen des Monte Verità und steht zur Verfügung zum Preis von CHF 20.- pro Stunde. Die Reservierung ist obligatorisch 091 785 40 40 oder info@monteverita.org.

Diverse Vorträge zu Forschung und Wissenschaft, Details auf der Webseite.

Verpflegung: Restaurant, Rucksack, Hübsche Hütte mit Kiosk und Glace

Öffnungszeiten: immer

Preise: gratis (ausser Führungen und Tennis)

Informationen: Mit Lageplan, Führungen, Infos unter
www.monteverita.org/de/36/historische-parkanlage.aspx

Tipp 2
Naturschutzgebiet am See „Bolle di Magadino"
mit Aussichtssteg und Naturlehrpfad de/it

Wo: Gordola / Magadino Flussmündung/See
Sie können von der Seite Gordola/Tenero via alle Brere in das Naturschutzgebiet
oder von der andere Seite via Magadino her.
Parkplätze auf beiden Seiten. (Magadino beim Minigolf, Tenero beim Fussballplatz)

Dauer/Länge: 1-2 Std. oder je nach Wunsch

Ausrüstung: Nach Regenperioden empfiehlt sich das Tragen von wasserdichten
Stiefeln. Im Sommer Mückenschutzmittel mitnehmen. Mit dem Fahrrad erreichen Sie
schneller den schönen mit Holz ausgebauten Aussichtssteg. Bitte ruhig und auf dem
Weg fahren.

Charakter: Gebiet ist in der Ebene, teilweise im Wald und Dickicht. Über 300
Vogelarten bewohnen diese Gegend., Es empfiehlt sich zu jeder Jahreszeiten einen
Abstecher zu machen, jede Zeit hat sein Flair.

Dank der Lehrpfade kann man das Schutzgebiet auf eigene Faust oder im Rahmen
von Führungen durchstreifen, ohne Schaden anzurichten oder die anwesenden Tiere
zu stören. Ein Besuch in den Bolle lohnt sich zu jeder Jahreszeit (Vogel-
Beobachtungen im April-Mai ideal).

Vier Eingänge, drei auf dem Gemeindegebiet von Magadino und einer in Tenero-
Gordola, führen zu den Lehrpfaden. Die Routen sind mit Informationstafeln in
Italienisch, Deutsch und Englisch ausgeschildert.

Verpflegung: Aus dem Rucksack. Folgende Restaurants sind am nächsten gelegen:
Restaurant Campofelice und Restaurant Lago Maggiore in Tenero oder Restaurant
Favini in Magadino oder in Gordola Pizzeria Gnesa und Restaurant Gordolese.

Öffnungszeiten: immer

Preise: gratis

Informationen: www.bolledimagadino.com auf Deutsch http://goo.gl/l3sOkH
Für geführte Besichtigungen Telefon: 078 639 07 49

Tipp 3
Planetenweg „Astrovia"
Locarno - Tegna (entlang der Maggia)

Wo: Viale al Lido/Locarno, Beim Campingplatz „Delta".
Diese Strasse ist eine Sackgasse mit einem Kehrplatz. Bei der öffentlichen Toilette hochlaufen. Parkmöglichkeiten entlang der Strasse oder beim Lido. (in den Wintermonaten teilweise gratis)

Bei der Flussmündung ist die 1. Tafel bis nachTegna (Rückweg wie gekommen oder mit der Bahn „Fart" von Tegna nach Locarno. Fahrzeit stündlich. Fahrplan auf www.sbb.ch)

Dauer/Länge: 6 km (2h zu Fuss, 45 Min. mit Fahrrad)

Ausrüstung: Je nach Witterung, Fahrrad wenn gewünscht.

Charakter: Nahe der Stadt Locarno und doch vollkommen ruhig im Grünen. Der flache Weg führt direkt am Fluss der Maggia entlang. Zu Fuss oder mit dem Fahrrad herrlich. Der Startpunkt ist beim Delta mit dem Planet „Sonne". Danach folgen ca. alle 50 oder 100m der nächste Planet. Nach ca. 1,7 km kommt auf der rechten Seite der grosse Spielplatz „Robinson" mit Picknickmöglichkeit. Grosszügig im Wald errichtet, zum spielen, hängen und austoben. Rund 8 Picknicktische stehen zur Verfügung.
Entlang der Maggia gibt es zwei Wege. Oberhalb wo der Planetenweg ist oder unterhalb mit breiter Wiese. Auf der Wiese lässt es sich gut Fussball, Federball, Frisbee etc. spielen. Für die Kleinsten lohnt es sich das Fahrrad mitzunehmen, bestens um in Ruhe lernen zu fahren.

Der Ausflug kann gut mit der „Falconeria" verbunden werden. Gegenüber vom Spielplatz ist die Greifvogelschau.

Verpflegung: Campingplatz Delta offen von März bis Oktober. Ansonsten direkt entlang der Route kaum Möglichkeit. Abseits vom Weg hat es Speisemöglichkeiten. Beim Ausgangspunkt in der Nähe vom Lido gibt es noch:
Bar Del Parco Tokic Nedzad,Via Gioacchino Respini 8

Öffnungszeiten: immer

Preise: gratis

Informationen: www.ascona-locarno.com

Tipp 4
Cardada - Der Hausberg von Locarno

Wo: Cardada

Anreise:
Erreichbar via Orselina mit der Seilbahn oder via diversen Wanderrouten.

In Orselina hat es begrenzte, tarifpflichtige Parkmöglichkeiten.

Eine andere Möglichkeit ist; von Locarno nach Orselina mit der Standseilbahn, der Funicolare 825m und 173m Höhendifferenz mit teilweise über 300 Promille Steigung zu fahren.

Wann: Ganzes Jahr, ausser Nov/Dez einen Monat geschlossen wegen Revision. Detaillierte Infos auf der Webseite.

Dauer/Länge: kurz, länger oder noch länger :-)

Charakter: Der Berg bietet sich im Winter und Sommer an. Diverse Wander- und Bike Möglichkeiten auf/ab Cardada. Im Winter Ski/Snowboard fahren möglich. Zu Fuss, mit Bike oder mit der Seilbahn auf den Cimetta.
Auf dem Cardada ist ein grosser Spielplatz, Spezieller Aussichtspunkt, Tipi-Indianer, diverse Jahresveranstaltungen, Gleitschirmfliegen, Nordic Walking Routen, Orientierungslauf mit 10 Posten, Barfusspfad,

Verpflegung: Diverse Bergrestaurants oder aus dem Rucksack
Cardada: www.hotelcardada.ch und www.colmanicchio.ch
Cimetta: Capanna Cimetta 091 743 04 33
25 Min. Fussweg von Cardada oder Cimetta: Capanna Lo Stallone www.stallone.ch
25 Min. Fussweg von Cardada oder Cimetta: Capanna Carcada 079 287 73 53
15 Min. Fussweg ab Bardada: Agrituristica alla Fattoria www.allafattoria.ch

Öffnungszeiten: täglich ausser Nov/Dez siehe Webseite.

Preise: Erw. 28.- retour, Kinder 14.- retour (ca. Preisangaben)

Informationen: http://www.cardada.ch/de mit Programm wie zb. Ostereierjagd, Far West Indianer Nachmittag, Berglauf etc.

Tipp 5
Märkte am Lago Maggiore

– Locarno: Donnerstag 8-12 Uhr (im Winter nur alle 14 Tage)
– Ascona: Dienstag 10-17 Uhr (Mai bis Oktober)
– Bellinzona: Samstag 8-13 Uhr (Mai bis Oktober)
– Cannobio: Sonntag 8-13 Uhr (meistens bis in frühen Nachmittag)
  Jeden Donnerstag Vormittag findet auch ein kleiner Lebensmittelmarkt in
  Cannobio statt. Direkt am See grosser Spielplatz und Spielmöglichkeiten.
  Gegenüber vom 1. Parkplatz (Dorfeingang) hat es einen grossen
  Skaterpark sowie eine schmale, spezielle Bahn für BMX etc. Mit Fahrrad
  und Trotinett auch möglich. (gratis und jederzeit nutzbar)
– Cannero Riviera: Freitag 8-12 Uhr
– Intra/Verbania: Samstag 9-16 Uhr
– Pallanza/Verbania: Freitag 8-12 Uhr
– Baveno: Montag 8-13 Uhr
– Stresa: Freitag 8-13 Uhr
– Arona: Dienstag 8-12.30 Uhr
– Laveno: Dienstag 9-12 Uhr
– Luino: Mittwoch 9-16 Uhr, grosser Spielplatz am See mit Wasserspiel.
– Como: Dienstag, Mittwoch, Freitag Vormittags, Samstags ganzer Tag

Nicht am See, aber doch immer einen Ausflug wert, sind Ponto Tresa
(Samstag, 8.30-16 Uhr) am Luganer See, Varese (Montag, 8-17 Uhr) in der
Lombardei und Domodossola (Samstag, 8-15 Uhr) im Piemont nahe der
italienisch-schweizerischen Grenze. Daneben gibt es noch zahlreiche
kleinere Märkte.

Künstler- und Antiquitätenmärkte finden oft unregelmäßig an verschiedenen
Orten statt. Bekannt sind vor allem die festen Märkte in:

– Arona: 3. Sonntag im Monat
– Como: jeden Samstag von 8.30-18 Uhr, Di und Do 08.00 - 13.00 Uhr
– Domodossola: jeden Samstag von 8-15 Uhr
– Lugano: jeden Samstag 8-17 Uhr
– Sesto Calende: 3. Samstag im Monat
– Varese: 1. Sonntag im Monat

Tipp 6
Postauto-Rundgang zur Verzasca Staumauer
Retour gemütliches spazieren

Wo: Gordola - Staumauer

Ab Gordola Post bringt Sie das Postauto in wenigen Minuten steil hoch zur mächtigen, eindrücklichen Staumauer. Günstiger Fahrpreis bis Haltestelle „Diga" (Staumauer). Im gelben Postauto leuchten die Kinderaugen und wenn dann noch an vereinzelten Kurven das typische tüü-taa-tooo erklingt, dann grinst ein jeder. Einmal über die Staumauer laufen, runterschauen und die Eindrücke geniessen. An den Wochenenden werden täglich teilweise über 100 Bungie Sprünge, von der 220m hohen Mauer durchgeführt. James Bond durfte auch schon springen, für den Weltberühmten Film „Golden Eye".

Ein Gelato oder Kaffee-Halt beim Kiosk und dann geht es mit der kleinen Wanderung los. Gegenüber vom Kiosk auf der anderen Strassenseite, vor dem Tunnel rechts geht eine Strasse kurz ein bisschen rauf, dieser folgen. Um den Berg nach vorne laufen, herrlicher Aussicht auf den Lago Maggiore, durch Gordemo und weiter nach vorne ziehen sodass man oberhalb von Gordola ist. (Nicht schon bei Tenero runter) 1-3 Stunden (je nach Pausen) dauert der gediegene Marsch, durch Villen, wunderschöne Gärten, Rebberge, Palmen und beim Bunker vorbei. Bis man wieder bei der Post oder der Schule rauskommt.

Sie können auch mit dem Auto hochfahren, 7 Minuten ab Gordola. Geringe Anzahl Parkplätze bei der Staumauer vorhanden.

Dauer/Länge: Dauer: 1-5 Stunden

Ausrüstung: je nach Witterung

Charakter: Eindrücklich, Natur, gemütlich

Verpflegung: aus dem Rucksack, kleiner Kiosk bei Staumauer oder Restauant in Gordemo (Osteria Bellavista)

Öffnungszeiten: ganzes Jahr möglich

Preise: -

Informationen: de.wikipedia.org/wiki/Lago_di_Vogorno

Tipp 7
Seilpark Gordola

Wo: Gordola, Via Tratte di Fondo (beim Fussballplatz, Centro Sportivo)

Es sind genügend Parkplätze vorhanden. Wer mit der Bahn anreist, erreicht den Seilpark in ca. 10 Minuten zu Fuss. (rund 800m)

Dauer/Länge: Für einen Durchgang 1-2 Stunden, je nach Kondition.

Ausrüstung: im Mietpreis inbegriffen. Geschlossene Schuhe von Vorteil.

Charakter: Spannender Kletterparcour im Wald. Schön gelegen und gepflegt. Paolo und seine Crew sind ausgebildete Fachkräfte mit einem herzlichen, lieben Flair. Man fühlt sich sehr sicher und gut aufgehoben. Für Kinder ab 1.20m bis Erwachsene. Der Park hat verschiedene Schwierigkeitsstufen und ist jederzeit abbruchbar wenn man es nicht schafft ans Ende zu gelangen.
Direkt neben dem Park ist ein kleiner Spielplatz für die Kleinsten. Einen Vitaparcour sowie die Verzasca. Der Fluss lädt im Sommer zum baden ein. Mückenschutzmittel mitnehmen.

Verpflegung: Getränke und Chips direkt vor Ort. Verpflegung sonst via Rucksack. Restaurants in der Nähe: Pizzeria Gnesa, Osteria Gordolese oder Coop Restaurant.

Öffnungszeiten: April bis Juni Samstag und Sonntag, Juli und August täglich, September und Oktober Samstag und Sonntag. November bis März geschlossen. Für Gruppen jederzeit möglich auf Anmeldung 10 Tage im Voraus. Pfingsten, Ostern und andere Feiertage geöffnet. Detaillierte Öffnungszeiten entnehmen Sie bitte aus der Webseite.

Preise: Kinder ab 1.20m für eine Stunde 12.- Fr. ab 1.40m auf dem grossen Parcour 30.- Fr. pro Durchgang.

Informationen: www.parcoavventura.ch

Tipp 8
Zurich Vita Parcours, gratis „Spielplatz" für gross und klein

Was ist ein Vitaparcour? Förderung des Breitensports, Ausbau der Gesundheitsprävention und Entwicklung des Familien- und Naturerlebnisses – das Konzept der Zurich Vitaparcours ist seit der Gründung nach wie vor gültig. Bewegungsbegeisterte absolvieren auf einer angelegten Strecke durch den Wald fünfzehn Stationen mit jeweils einer Auswahl aus insgesamt 43 Übungen. Daneben wird der Parcours aber auch zum ganz persönlichen Erlebnis. Denn hier wird geplaudert, gelacht und manchmal auch geflirtet.

Mit Kindern kann man ihn bestens als Spielplatz mit Übungen erleben. Hängt an die Ringe, balanciert auf den Balken, übt euer Gleichgewicht etc. Die Plätze sind meistens in schönen Naturgebieten, und/oder an Gewässern. Warum nicht ein Picknick damit verbinden. Im Sommer bestens weil die Parcours in Wäldern sind, somit ein kühler Rückzugsort.

Ascona:
Monte Verità, Oberhalb Ascona, Strasse: Via Monte Verità
Länge: 2,3 km / Leistungskilometer: 3,2 km / Steigung: 90 m

Locarno:
Strasse: Via alla Lanca Degli Stornazzi
Länge: 1,5 km / Leistungskilometer: 1,5 km / Steigung: 0 m

Tenero:
Strasse: Via alle Brere
Länge: 1,6 km / Leistungskilometer: 1,8 km / Steigung: 20 m

Monte Carasso / Bellinzona
Strasse: Canale Saleggi
Länge: 2,6 km / Leistungskilometer: 2,7 km / Steigung: 10 m

Ronchini di Aurigeno / Maggia
Strasse: Al Cent Spazz
Länge: 1,8 km / Leistungskilometer: 1,9 km / Steigung: 10 m

Alle Vitaparcours zu finden auf: www.zurichvitaparcours.ch

Tipp 9
Vielseitige Spielplätze Locarno Umgebung
(inkl. Picknickmöglichkeiten und Toilette)

Locarno:

- Am See, Viale Verbano Gegenüber Rest. Brutei. Spielplatzboden mit blauen Softplatten ausgelegt.

- Im Wald, Via Francesco Ballerini. Nähe beim Lido und neben Minigolfbahn.

- Spielplatz „Robinson". Neben Maggia Fluss, Gegenüber der Falconeria. Via Francesco Chinas.
  Viele Picknicktische, fliessend Wasser, grosszügig mit Dickicht und Palmen. Zum springen und austoben.

- Flughafen Locarno, zwischen Magadino und Gordola. Via Cantonale.

Ascona:

- Am See, Via Albarelle, beim Parkplatz, Anfang Fussgängerzone

- Monte Verità im Wald (oberhalb Ascona).

Losone:

Wiese/Bäume an der Maggia (Fluss), Via Reslina, bei Snackbar Hola Chico.

Minusio:

Wald und offen, Via Rinaldo Simen, Gegenüber von Schule/Friedhof.

Tenero:

- Wiese/Bäume am See, Via Mappo, öffenticher Parkplatz beim Restaurant L'approdo oder Restaurant Lido Mappe.

Fortsetzung
Vielseitige Spielplätze Locarno Umgebung
(inkl. Picknickmöglichkeiten und Toilette)

Gordola:

„Parco Carcale", Via Gaggiole. Grosser Holzspielplatz. Wiese/Baum mit Aussicht. Neben dem Spielplatz ist ein kleiner Wald. Liebliche Wege und Flüsschen gehen durch. Mückenschutzmittel!

„Parco Avventura" Via al Fiume/Via Tratto di Fondo. Anfangs Wald (kleiner Spielplatz) am Fluss und neben Klettereilpark.
Parkplätze beim Fussballplatz.

„Parco L'asilo" Via Pentima. Spielplatz vom öffentlichen Kindergarten. Öffentlich zugänglich: Wochentags nach 15.30 Uhr, Mittwoch nach 11.30 Uhr, Samstag und Sonntag ganzer Tag benutzbar.

Riazzino:

- Wiese/Baum, Via alle Chiesa, bei der Kirche im Dorf unten.

- Wiese/Baum, Montedato, bei Kirche, schöne Aussicht.

Magadino:

- Wiese/Baum, am Fluss/See, Via Cantonale, Anfang Megadino. Grosse Spielgeräte aus Holz mit Brunnen. Parkieren beim Minigolf und kleinem Strandbad.

Tipp 10
Kurse für Basteln, Töpfern, Filzen, Holz, Glas etc.

Wo: Gordola „GlaTi" beim Rest. Gnesa, Via San Gottardo 80
Direkt bei der Bushaltestelle. Genügend gratis Parkplätze vorhanden.

Dauer/Länge: Buchbar ab 2,5 Std. Einen einmaligen Kurs buchen oder über einen längeren Zeitraum.

Ausrüstung: steht zur Verfügung

Charakter: Lernen Sie im „GlaTi" typische Tessiner Handwerksarbeiten kennen. Vom Holz schnitzen, über Silber bearbeiten, filzen, weben, töpfern oder Basteln mit Naturmaterialien. Detaillierte Kursangebote stehen auf der Webseite. Sie können die „Werkstatt" auch direkt besuchen gehen, diverse Arbeiten sind ausgestellt und stehen auch für den Verkauf zur Verfügung.

Für Erwachsene und Kinder.

Verpflegung: In Gordola in der Nähe: Pizzeria Gnesa, Gartenrestaurant Gordolese, Pizzeria Giaggole, Restaurant Rotonda, 3 Bäckereien, 1 CRAI Lebensmittelgeschäft.

Öffnungszeiten: je nach Kursangebot. Die Werkstatt mit Verkauf hat geöffnet: Montag bis Freitag von 14.00 - 18.00 Uhr, Samstags 13.00 - 17.00 Uhr.

Preise: ab 60.- Fr. (gibt immer wieder auch gratis Schnupperangebote)

Informationen: http://www.glati.ch/Corsi-e-incontri-a5052400

Tipp 11
Spazieren, Fahrrad fahren oder skaten am See entlang

Wo: Von Locarno nach Tenero oder umgekehrt.

Wer mit dem Auto unterwegs ist, empfehle ich eher den umgekehrten Weg. Parkplatzmöglichkeiten in Tenero am Seeanfang beim Mappo, beim Restaurant L'Approdo.

Dia andere Variante wäre, hinter dem Bahnhof in Tenero (Nähe vom Coop) gibt es gratis Parkplätze. Den Wagen dort parkieren und zum See laufen, oder mit der Bahn zuerst nach Locarno fahren (5 Minuten) und retour am See entlang gehen.

Tipp: Sie verbinden die Rundreise mit dem Gratis Schiff, siehe Tipp 18.

Dauer/Länge: Ein Weg ist ca. 6km lang.

Ausrüstung: Nichts oder Fahrrad oder für Kleinkind Laufvelo, Wagen etc.

Charakter: Starten Sie in Locarno am See, Vorbei beim grossen blauen Spielplatz. Ab da ist es Fussgänger und Fahrradzone. Achtung, schnelle Rennfahrer bitte auf die Hauptstrasse ausweichen. Max. Speed ist 5km/h.

„Rivapiana" heisst diese wunderschöne Seeuferpromenade von Minusio am Lago Maggiore.

Danach geht der Weg durch eine schöne Villengegend unter anderem mit wunderbar, alten und historischen Häusern. Einer Villa mit Park und der Kirche San Quirico. Fast durchgehend hat es Wiese und Sand. Sodass im Sommer die Badehose mit dabei sein muss. Sich sonnen, faulenzen, lesen oder mit den Kinder spielen können Sie hier den ganzen Tag. Nach ca. einem Drittel kommt nochmals ein kleiner Spielplatz, der nächste in Tenero Mappo oder beim Bahnhof in Tenero.

Verpflegung: Restaurants direkt am See.

Öffnungszeiten: immer

Preise: gratis

Informationen: Tourismus Büro Locarno www.ascona-locarno.ch

Tipp 12
Kino Club für Kinder - Zauberlaterne

Wo: Kino Locarno (und gesamte Schweiz)

Dauer/Länge:

Charakter: Mit dem Kino wachsen. Wie Filme entstehen.
Bei der Zauberlaterne teilen die Kinder die grossen Kino-gefühle mit ihren Kameraden und entwickeln zusammen ihren kritischen Sinn. Die Filmvorführungen finden ohne Eltern statt, die Kinder werden jedoch von Helfern betreut.
Jedes Jahr bietet die Zauberlaterne Kindern von 6 bis 12 Jahren ein neues Programm von neun Filmen zu einem erschwinglichen Preis. Die Vorführungen werden spielerisch pädagogisch eingerahmt.
Die Internetserie: „Die Katze, die einen Film machen wollte", führt Internetnutzer auf amüsante Art in die einzelnen Etappen der Filmproduktion ein: von der ersten Idee bis zur Premiere auf grosser Leinwand

Verpflegung: Snack im Kino

Öffnungszeiten: Oktober bis Juni, 1x pro Monat

Preise: Jahresabo 40.- (gültig ganze Schweiz), 30.- das zweite Kind, drittes Kind ist gratis.

Informationen: http://www.magic-lantern.org

Tipp 13
Canyoning, Fun-Rafting, Kajak, Canoe

Wo: Möglich in Valle Verzasca, Maggia, Onsernone.

Standort in Gordola, Vicolo Cappella

Dauer/Länge: Buchbar ab halber Tag

Ausrüstung: steht zur Verfügung. Mitzubringen sind Badeanzug und Handtuch.

Charakter: Lass Dich in die aufregende Welt der Canyons entführen...
Experience Canyoning... rutschen, springen und abseilen. Entdecke das Beste was
die Natur in den Tälern rund um Locarno zu bieten hat. Oder wie wäre es mit dem
Fun Trip, Fun-Rafting auf dem Fluss „Ticino" etwas für die ganze Familie.

Mindestalter fürs Canyoning ist 6 Jahre.
Mindestalter fürs Funnrafting ist 12 Jahre.

Verpflegung: Lunch wird durch den Veranstalter organisiert.

Öffnungszeiten:

Preise: ab 85.- Fr. für 5 Stunden. Mehr Preise und Angebote auf der Webseite.

Informationen: www.indepthoutthere.com

Tipp 14
Jährliche Events

Ganzes Jahr	Puppentheater mit Workshops, Locarno www.teatro-fauni.ch
1. Januar	Feuerwerk Ascona. Feierbeginn 16.00 Uhr, Feuerwerk 18.30 Uhr. www.ascona-locarno.ch
März	Camelie Blumenshow Locarno - www.ascona-locarno.ch
Mitte April	Slow up Ticino, Fahrradfahren von Bellinzona - Locarno. www.slowup-ticino.ch
Ende Mai	Mittelalterliche Festspiele Bellinzona Burg www.laspadanellarocca.ch
Mitte Mai	Fragola (Erdbeer) Fest Piazza Grande Locarno www.ascona-locarno.com
Mitte Mai	Boot Show Ascona - www.ticino-nautica.ch
Mitte Mai	Beach Volley Turnier Locarno bei Piazza Grande. Gratis Eintritt mit Tribüne und Verpflegungsstände. www.coopbeachtour.ch
Mitte Mai	Strassenkünstler Festival in Ascona am See www.artistidistrada.ch
Ende Mai	Notte Bianca Locarno. Eine Nacht mit Konzerte, Tänze, Shows, Gastronomie, Ausstellungen, Künstler. gratis. www.nottebiancalocarno.ch
Mitte Juni	Open Air Palagnedra - www.openairpalagnedra.ch
Ende Juni	Festival Jazz Ascona - www.jazzascona.ch
Juli/August	Sommer Kinderprogramm - www.ascona-locarno.com/family
Mitte Juli	Moon & Stars Musikfestival Piazza Locarno www.moonandstars.ch
Ende Juli	Vallemaggia Magic Blues Festival www.magicblues.ch
Ende Juli	Tenero Music Nights - www.musicnights.ch

Jährliche Events Fortsetzung

Ende Juli	Luci e Ombre - Sommernachtsfest am See in Locarno/Muralto Animation, Musik, Gastronomie und am Samstag Feuerwerk. gratis, www.ascona-locarno.com
1. August	Ascona Feuerwerk 22.30 Uhr. Feierbeginn 17.00 Uhr www.ascona-locarno.ch
Anf. August	La Rotonda del Festival - Festival im Kreisel von Locarno. Musik, Konzerte, Marktstände, Unterhaltung, Gastronomie während 15 Tage. Parallel zum Filmfestival. gratis. www.larotondadelfestival.ch
Anf. August	Filmfestival Locarno - Piazza Grande. www.pardolive.ch
Anf. August	Verzasca Country Festival in Sonogno - www.tenero-tourism.ch
Mitte August	Locarno Folk Festival - www.locarnofolk.ch
Ende August	Rombo Days - Harley Davidson Treffen (2 Tage) www.harleyticino.ch
Ende August	Gusta il Borgo Ascona - Spaziergang durch die Natur und Ascona mit mehreren kulinarischen, köstlichen Stationen. www.amisdalaforcheta.ch
Anf. September	Sportcars Day Ascona - www.sportcarsday.eu
Mitte September	Sportissima Centro Sportivo Tenero, Kinder und Erwachsene können gratis sehr viele Sportarten ausprobieren. www4.ti.ch/decs/sportissima/edizione-attuale/presentazione/
Mitte September	Walking Day & Ladies Run Ticino. Diverse Streckenlängen. Reichhaltiges Animationsprogramm. www.walkingticino.ch
Mitte September	Fallschirm Zielwettkampf - International Day & Night Wettbewerb. Punktgenau landen am Flughafen. Spannend hautnah zuschauen. Kein Eintritt. Grill und Barbetrieb. www.paracentro.ch
Mitte September	Dimitri - Festa Giubileo in Verscio - www.teatrodimitri.ch
Ende September	Seifenkisten Rennen in Avegno-Gordevio - www.vallemaggia.ch

Tipp 15
Kindermuseum „Museo in erba" mit Atelier

Wo: Bellinzona (bei der Altstatt), Piazza Giuseppe Buffi 8.

Dauer/Länge: 1-3 Std.

Ausrüstung: keine Spezielle.

Charakter: Kleine, feine Ausstellung mit Atelier, welches immer wieder das Programm ändert. Es ist nicht gross, hat aber immer interessante Themen. Einen Teil ist Ausstellung meistens mit greifen und erleben, im anderen Teil, dem Atelier, heisst es aktives mitwirken. Schaut euch das Programm auf der Webseite an. Atelierarbeiten gehen rund 1,5 Stunden.

Verpflegung: Bellinzona

Öffnungszeiten: ganzes Jahr, aber spezielle Zeiten. Bitte auf Internetseite nachschauen.

Preise: 5.- / Person (bis 4 Jahre gratis) nur Museum, mit Atelier gibt es vergünstigte Familienpreise.

Informationen: www.museoinerba.com

Tipp 16
Bowling auch für die Kleinsten

Wo: Quartino, Via Cantonale (wo die rote Eisenpalme ist)
Gratis Parkplätze vorhanden.

Dauer/Länge: 1-3 Std. (1 Spielrunde 4 Pers. ca. 1 Stunde)

Ausrüstung: Schuhe im Mietpreis.

Charakter: Typische Amerikanische Bowlinghalle. Für die kleinsten können die Seitenwände der Bahn hochgefahren werden. Somit Spielspass für die gesamte Familie. In der Halle gibts auch Billard, diverse Spielkasten und andere Spiele. Inkl. gratis Wifi.

Gruppenangebote mit Pizzen vorhanden. Spezialangebot auch Montag Abend, ganzer Abend bowlen mit einem Preis.

Geburtstagsfeste Angebote.

Verpflegung: Pizzeria und Bar in der Halle.

Öffnungszeiten: ganzes Jahr, täglich späterer Nachmittag bis 01.00 Uhr

Preise: Einzelpreise oder auch Pakete inkl. Essen. Siehe Webseite.

Informationen: http://www.americanbowling.ch

Tipp 17
Berg Morena mit Spielplatz, schöne Wanderungen, Tibetanische Brücke (neu ab Frühling 2015)

Wo: Monte Carasso

Dauer/Länge: 2 Std bis ganzer Tag

Ausrüstung: je nach Witterung

Charakter: Kleine feine Seilbahn in Monte Carasso Dorfzentrum. Parkplatz und Bushaltestelle vorhanden. Mit der Gondel hinauf auf den Morena. Oder zu Fuss hoch und später in die Seilbahn einsteigen. Die Seilbahn ist nur zu bestimmten Zeiten bedient, ansonsten kann das Ticket am Automaten gelöst werden. Per Knopfdruck wird die Bahn bedient. Möchte man bei einer Zwischenstation einsteigen, muss das Ticket bereits unten gelöst werden. Bei der Zwischenstation gibt es einen Knopf, den man für einen Halt drücken kann.

Endstation: Mornera

Zwischenstation: Curzutt

Die Stiftung Curzútt – San Barnàrd wurde im 1998 gegründet. Das Ziel ist, einem Ort, welches die Wiege von Monte Carasso darstellt, ein neues Leben zu geben.Die Projekte für den Wiederaufbau und Erhaltung des alten Dorfes werden dank der finanziellen Unterstützung verschiedener Organisationen (eidgenössische, kantonale, regionale oder private) durchgeführt.
 Das Konzept, welches die Arbeit der Stiftung kennzeichnet, ist das Entdecken unserer Region zu verbessern, dies der neuen Generation zu verbreiten, auf eine bessere Zukunft zu hoffen und die Vergangenheit besser zu verstehen.

Talstation: Monte Carasso

Verpflegung: Mornera hat ein schönes kleines Restaurant mit Aussenterrasse. In der Zwischenstation Curzutt gibt es auch ein Restaurant. Genaue Öffnungszeiten auf der Webpage nachschauen. Grosser Spielplatz und viel Platz um zu springen und spielen. Wanderzeit von Curzutt runter nach Monte Carasso ca. 1,5 Std. mit Kleinkindern.

Öffnungszeiten: ganzes Jahr

Preise: 8.- bis 19.- / Person (bis 5 Jahre gratis)

Informationen: http://www.mornera.ch/ www.curzutt.ch

Tipp 18
Gratis Schiff-Fahrt

Wo:Tenero (Mappo) nach Locarno / Locarno nach Tenero (Mappo)

Dauer/Länge: 15 Minuten

Ausrüstung: Nach Witterung.

Charakter: Während der Sommerzeit bringt Sie das gratis Schiff von Tenero nach Locarno. Ca. alle 2 Stunden fährt das Schiff.
Machen Sie damit eine kleine Rundreise zb steigen Sie in Tenero auf das Boot, schnuppern Sie die Seeluft und schauen sich Locarno an. Retour könnten Sie am See entlang laufen (Seite 14) oder direkt mit der Bahn eine Haltestelle zurück nach Tenero.

Verpflegung: unterwegs

Öffnungszeiten: jedes Jahr von Juni bis September.

Fahrplan via Tenero Tourismus erhältlich (auch download).

Preise: gratis

Informationen: http://www.tenero-tourism.ch/de/13/home.aspx

Tipp 19
Falconeria - Die Greifvogel Flugshow

Wo: Locarno, Via delle Scuole 12

Dauer/Länge: 1-3 Stunden

Ausrüstung: nach Witterung, Sitzplätze und Ausstellung sind gedeckt.

Charakter: Mit viel Liebe gestalteter Park. Eine Grünoase bringt einen in eine andere Welt. Interessante Geschichte über die Herkunft der Falknerei. Über 20 Vögel können Sie in nächster Nähe betrachten. Einzelne Voglieren sind mit Überwachungskameras ausgestattet. So können die gebrüteten Eier in den Nestern beobachtet werden und wenn man grad Glück hat , live beim schlüpfen zuschauen.

Sehen Sie sich den Amerikanischen Weisskopfadler, die Schneeeule. den Steinadler oder den Geier in nächster Nähe an. Die Vögel sind einzigartig, gross und eindrücklich.

Die Flugshow beginnt zu bestimmten Zeiten. Dabei werden die Vögel in ihrem Flug gezeigt. Teilweise fliegen sie wenige Zentimeter über den Besucherköpfen rüber. Näher geht es nicht. Erleben Sie, wie der Falke die Beute schnappt oder wie leise eine Schneeeule über einen hinwegschwebt.

Die Ausstellung mit Show ist für die Kleinsten bis zu grossen Erwachsenen interessant und lehrreich. Nach der Show dürfen die Kleinen mit dem Pony noch eine gratis Runde drehen.

Der Spielplatz mit Picknickzone lädt zum verweilen ein. Ein weiterer grosser Spielplatz in der Nähe siehe Tipp 9.

Verpflegung: Rucksack oder Restaurant in Falkoneria

Öffnungszeiten: März bis November täglich von Di.-So. Juli- Mitte August auch Montags. Show um 11.00 und um 15.00 Uhr
November bis März Show um 14.00 Uhr

Preise: Familienkarte (2 Erwachsene mit 3 Kindern) Fr. 55.-
Preise für Einzelpersonen siehe im Internet.

Informationen: http://www.falconeria.ch

Tipp 20
Intragna Dorfführung - ein typisches Tessiner Dorf

Wo: Intragna im Centovalli

Dauer/Länge: 10.30 - 12.00 Uhr

Ausrüstung: -

Charakter: Historische Dorfführung mit Turmbesteigung

Intragna befindet sich ca. 8 km westlich von Locarno, am Eingang des Centovalli (Tal der hundert Täler). Durch sein Wahrzeichen, den höchsten Kirchturm im Tessin (65 m), ist das Dorf bei der Anreise schon von Weitem zu erkennen.
Die Region wird schon über 2000 Jahre nachweislich besiedelt. Der Dorfname Intragna stammt sehr wahrscheinlich von Inter amnes (=lateinisch „zwischen den Flüssen") und beschreibt damit die Lage Intragnas auf einem Felsvorsprung am Zusammenfluss der Flüsse Melezza, aus dem Centovalli, und Isorno, aus dem Onsernonetal.

Warum...
...wohnten in Intragna im 18.Jahrhundert mehr Einwohner als in Locarno?
...emigrierten unsere Vorfahren nach Amerika?
...verdingten sich schon 7-Jährige als Kaminfeger aus Intragna und in Italien?

Antworten darauf bekommen Sie bei dieser Führung.

Verpflegung: Restaurants und Supermarkt

Öffnungszeiten: findet statt Mittwochs10.30 - 12.00 Uhr
Von Ostern bis Oktober.

Preise: Erwachsene 15.- Fr, Kinder 7.- Fr.

Führung kann auch separat nach Absprache gebucht werden.

Informationen: Tel. 091 780 75 00, centovalli.info@bluewin.ch

Detaillierte Infos auf http://www.centorustici.ch/villagetours_de.htm

Tipp 21
Monte Tamaro

Wo: Berg oberhalb Vira (Gambarogno), Rivera Monteceneri

Gebührenpflichtige Parkplätze stehen zur Verfügung. Anfahrt mit der Bahn gut möglich. Haltestelle Rivera. Ab Rivera geht die Gondelbahn auf die Alp Foppa, welche unterhalb der Monte Tamaro Spitze ist.

Dauer/Länge: Halber bis ganzer Tag. (Achtung letzte Gondelfahrt Talwärts beizeiten)

Ausrüstung: Nach Witterung. Im Mietpreis inbegriffen.

Charakter: Der Monte Tamaro ist ein richtiger Erlebnisberg. Von der Alp Foppa aus führen viele schöne Wanderwege in diverse Richtungen.

Auf der Alp selber lädt eine eine grosses Restaurant mit Gartensitzplatz ein. Ein paar Meter daneben befindet sich ein sehr grosser schöner Kinderspielplatz mit einer Zaunumrandung. Die Eltern können in aller Ruhe die Zeit geniessen.

Die mächtige Steinfestung auf dem Bergsporn ist mehr als Meditationsraum und bietet die Möglichkeit, die umgebende Landschaft ganz neu zu interpretieren. Die Kirche Santa Maria degli Angeli wurde entworfen durch den Architekten Mario Botta.

- Hochseilpark - Bei der Mittelstation der Gondelbahn befindet sich ein erlebnisreicher, akrobatischer Hochseilpark. Der Park bietet verschiedene Schwierigkeitsgrade. Kinderparcours ab 4 Jahren. Bitte schauen Sie zuerst auf der Webseite nach wegen der geforderten Mindestgrösse. Nicht dass die Kids danach enttäuscht sind.
- Jumping - Spektakurärer Sprung aus 15 Meter Höhe. Ab 7 Jahren möglich.
- Bobbahn - Spannende und atemberaubende Abfahrt auf dem Doppelbob
- Flying Fox - Eine spektakuläre Fahrt von über 400 m Länge!
- Montainbike - Neben den beiden klassischen Mountainbike-Strecken gibt es: eine Downhill-Strecke von der Alpe Foppa bis zur Mittelstation und eine Freeride-Strecke von der Mittelstation bis Rivera (Talstation). (Bikes werden keine vermietet)
- Paragleiten - Tandemflug Paragliding,Pfyl René Tel. 091 648 28 63

Verpflegung: Bergrestaurant oder Rucksack

Öffnungszeiten: Saison von April bis Oktober

Preise: alle Preise auf der Webseite ersichtlich.

Informationen: www.montetamaro.ch und gleich daneben ist www.splashespa.ch

Tipp 22
Auswärts essen mit Kindern

Vorneweg, die Tessiner sind kinderfreundlich, somit sind die meisten Restaurants sehr kinderfreundlich. Hier sind ein paar rausgepickt, wenn unsere Gäste jeweils nach konkreten Empfehlungen fragen:

Da wir in Gordola zu Hause sind, beginnen wir mit diesen:

- Pizzeria Gnesa, Via San Gottardo 80, http://www.ristorante-gnesa.ch
  Mit einem Pizzaiolo mitten im Restaurant, zuschauen wie die Pizzen gemacht werden und zwischendurch gibts auch etwas zum probieren. Pizzen nur Abends.

- Restaurant Gordolese, via San Gottardo 40, 091 745 11 15
  Frische, günstige, einheimische Angebote. Mit Terrasse, jedoch an Hauptstrasse.

- Pizzeria Gaggiole, via Gaggiole 51, 091 745 23 40
  Gute preisgünstige Mittagsmenüs, mit Garten, kleiner Spielplatz.

- Restaurant / Pizzeria Aeroporto, http://www.ristoranteaeroporto.ch
  Beim Flughafen (Magadinoebene) mit Terrasse und Spielplatz. Täglich geöffnet.

- Restaurant Miraflores, Zona Industriale 3, 6572 Quartino, http://www.miraflores.ch
  Pizzeria und Menüs mit Minigolfanlage, Spielplatz, Garten.

- Coop Restaurant, Via alle Brere 8, 6598 Tenero, 091 735 23 00
  Grosse Terrasse, Kinderspielplatz draussen und drinnen. Kinderangebot.

- Migros Restaurant, S.Antonino, Via Serrai 5, 6592 S. Antonino, 091 850 85 57
  Grosse Terrasse, Indoor und grosser Outdoor Spielplatz. Auch zum Picknick geeignet. Ca. 6 Festtische mit Bänke stehen zur Verfügung. Kinderangebot.

Campingplätze bieten sehr gute Küche an. Immer mit Garten und Spielplatz.

- Camping Lido Mappo, Via Mappo 20, 6598 Tenero, www.lidomappo.ch
- Camping Miralago, Via Roncaccio 20, 6598 Tenero, www.camping-miralago.ch
- Camping Lago Maggiore, Via Lido 2, 6598 Tenero-Contra, www.clm.ch
- Camping Delta, Via Respini 27, 6600 Locarno, http://www.campingdelta.com
- Camping Isola, Via al Gagioletto 3, 6515 Gudo, www.camping-isola.ch
- Camping Riarena, 6516 Cugnasco, www.camping-riarena.ch
- Restaurant Campofelice, via alle Brere 18, 6598 Tenero, 091 745 16 40
  mit Spielplatz und Terrasse.

Restaurants Fortsetzung

- Marché Bellinzona Nord, A2 (Richtung Chiasso), 6503 Bellinzona
  Tel. 091 826 31 01, www.marche-restaurants.ch
  Öffnungszeiten: Montag bis Sonntag: 6:00 bis 22:00
  Von Juni bis Sept.: Freitag & Samstag 24h
  Kinderangebot, Familienangebot, Indoor und grosser Outdoor Spielplatz.

- Marché Bellinzona Süd, A2 (Direzione Gottardo), 6513 Monte Carasso
  Tel. 091 857 21 47, www.marche-restaurants.ch
  Öffnungszeiten: Montag bis Sonntag: 0:00 bis 24:00
  Kinderangeobt, Familienangebot, Indoor und grosser Outdoor Spielplatz.

- Restaurant La Riva, Via Cantonale, 6574 Vira, 091 795 11 41
  Direkt am See Richtung Luino, mit Spielplatz

- Casa Iguana, Via Cantonale 64, 6575 San Nazzaro, www.casaiguana.ch
  Herzliche, kleine, öffentliche Badi. Gratis. Spiele, Restaurant, Liegewiese.

- Toucan Club, Via Cantonale 138, 6573 Magadino, www.toucanclub.ch
  Barbereich mit Snacks und Salat, Events, Trampolin, schwimmen. Am See.

- Porto Ronco Beach,Via Cantonale 61, 6613 Porto Ronco www.portoroncobeach.ch
  Beach Bar am See mit auserwählter Küche von 12.00 bis 17.30 Uhr täglich.

- Wake Inn Beach Bar Watersports, Via Lido, 6598 Tenero, www.watersports.ch
  Beachbar mit Wasserport am See, Liegewiese und Strand, Tischtennis, Grill.
  (offen in den Sommermonaten)

Tipp 23
Weinberge von Niva

Wo: Treffpunkt bei der Post von Loco (Valle Onsernone)

Dauer/Länge: 16.00 - 18.00 Uhr

Ausrüstung: Wettertauglich (findet bei jedem Wetter statt)

Charakter: Zeitreise durch die Reben. Danach Degustation der Bioweine. Es werden die traditionellen Pergolen sowie die wieder aufgebauten, mit Trockensteinmauern terrassierten Rebanlangen, besichtigt. Nach der ca. 2-stündigen, leichten Tour, folgt ein geselliger Abschluss mit einer Degustation von Bioweinen aus den besichtigten Rebbergen.

Diesen Ausflug könnten Sie kombinieren mit einer Wanderung. Dem Saumpfad von Intragna nach Loco. (8,5km, ca. 2 Stunden Gehzeit) Mehr Informationen dazu auf:
http://epaper2.tessinerzeitung.ch/ee/teze/_main_/2013/06/28/028/article/2

Verpflegung: Restaurant, Rucksack,

Öffnungszeiten: Mai bis Oktober

Preise: 25.- / Person

Informationen: Anmelden unter info@onsernone.ch, Tel. 091 797 10 00

Tipp 24
Bimbofun

Wo: Riazzino hinter dem Bahnhof (Strecke Kreisel Autogarage Richtung Flufhafen) Gratis Parkplätze vorhanden.

Dauer/Länge: 1-4 Stunden

Ausrüstung: vorhanden

Charakter: Spass und Unterhaltung für Kleinkinder.
Bimbofun ist im ganzen Tessin vertreten bei Veranstaltungen oder aber auch fix für ein paar Monate am gleichen Ort.
In einem Zirkuszelt stehen Spiele, grosse Hüpfburge, Tretgeräte, Luftgummi-Tiere, 5D-Kino und weiters zur Verfügung. Zudem kann man sich schminken lassen, Ballondesign, Zuckerwatte und kleine Snacks.
Wo Bimbofun gerade ist, erfahren Sie von der Webseite oder der Facebook Webseite.

Verpflegung: Kleine Snacks, Getränke und Kaffee vor Ort.

Öffnungszeiten: siehe Webseite
Im Sommer ab 20. Juni jeden Tag geöffnet. Bei Regen von 10.00 bis 21.00 Uhr
Bei Sonne von 17.00 bis 22.00 Uhr

Preise: unterschiedlich, je nach Standort.

Informationen: www.bimbofun.ch oder www.facebook.com/bimbofun

Tipp 25
Baden und Schwimmen

Locarno:

- Lido Locarno, via Respini 11. am See mit Imbiss, mit Eintritt.

- Parco delle Pace, viale al Lido am See, Gratis.

Ascona:

- Lido di Ascona, via Lido, am See mit Imbiss, mit Eintritt.

Losone:

- Via Reslina, am Fluss, mit Imbiss, gratis.

Locarno bis Tenero (5km)

- entlang am Lago Maggiore kann gratis gebadet werden.
  Mit Restaurants. Keine Einkaufsmöglichkeiten.
  Fussgänger / Fahrradzone

Tenero:

- Lido Mappo, via della Roggia, am See mit Pool. Restaurant. Eintritt.

- Bagno Publico, via Lido, am See, mit Imbiss, gratis.

Gordola:

- Fluss Verzasca, via al Fiume, am Fluss, gratis. Bestens auch zum grillieren
  geeignet. Siehe Foto auf der Titelseite.

Magadino:

- Bagno Publico, via Cantonale, am See mit Imbiss, gratis.
  kleine, öffentliche Badi. Gratis. Spiele, Restaurant, Liegewiese, Kurse.

San Nazzaro:

- Casa Iguana, Via Cantonale 64, 6575 San Nazzaro,
  kleine, öffentliche Badi. Gratis. Spiele, Restaurant, Liegewiese.

Brissago:

- Strandbad, Via Valmara 1, 6614 Brissago mit einfacher, langer Rutschbahn

Tipp 26
Minigolf Outdoor und Indoor

Ascona:
Via Circonvallazione, neben Migros. www.minigolfascona.ch
Minigolf Ascona – die weltweit erste genormte Minigolfanlage (nach Paul Bongni) und eine der schönsten Anlagen der Schweiz, eingebettet in einem wunderschönen Park mit mediterraner Bepflanzung. Verpflegung mit Snacks, Glace, Getränke, Kaffee.

Losone
Minigolf Losone, Via dei Pioppi, Tel.091 791 66 16. Ein einfacher Minigolfplatz Nähe der Magie, beim Fussballplatz. (Tafel folgen vom Hotel Losone)

Locarno:
Minigolf Bosch Isolino, via Francesco Ballerini, im Wald, neben Spielplatz.
Tel 091 751 63 30, Mobile: 079 789 06 25
März bis Oktober: täglich geöffnet (je nach Wetter)
Oeffungszeiten: März und April 10.00-18.00
ab Mai bis Ende September 9.30-18.00
Preise: Erwachsene CHF 7.-, Kinder (bis 14 Jahre) CHF 5.-

Tenero:
Via alle Brere, vor dem Camping Campofelice
Die Anlage beefindet sich in Tenero am Campingplatz Campofelice in der Via Brere. Gebaut wurde sie im Jahre 1965 und am 28. Mai 1965 eingeweiht. Erbauer war der erste Besitzer der Bahn Robert Etzensperger. Im Jahre 1988 setzte sich Roberto zur Ruhe und verkaufte die Anlage an den heutigen Besitzer Ledo Trebbi. Weitere Infos auf www.mc-verzasca.de

Magadino:
Der Outdoor Minigolf in Magadino ist direkt bei der öffentlichen, kleinen Badi. Herrlich gelegener Ort zum verweilen. Laufen Sie zum Spielplatz am See entlang, spielen eine Runde Minigolf oder geniessen Sie zuerst noch ein Bad im Lago Maggiore. Der Minigolfplatz ist einfach gehalten, hat ein kleines Restaurant und Spielgeräte. Parkplätze vorhanden.
Via Cantonale, bei der Raiffeisenbank und dem öffentlichen Bad
Via Cantonale 137, 6573 Magadino, Mobile: 079 573 94 31
bar-club@bluewin.ch

Quartino (Indoor):
In der Halle mit Restaurant und Spielplatz, Zona Industriale 3 www.miraflores.ch
Das Miraflores ist der grösste Indoor-Minigolf-Parcours im Tessin. Kinderspielplätze drinnen und draussen sowie das Restaurant mit integrierter Pizzeria lassen nicht nur Kinderherzen höher schlagen. Bei schönem Wetter lädt zudem der grosse Garten mit schmucker Pergola zum Verweilen ein.
Parkplätze genügend vorhanden. Die Öffnungszeiten bitte aus der Webseite entnehmen.

Tipp 27
Genussvoller Film

Wo: Casa Rustica in Losone bei Ascona

Dauer/Länge: 60 Minuten

Ausrüstung: im Rustico

Charakter: Zusammen mit dem Film werden die Häppchen gegessen. Ein Genuss für Augen, Gemüt und Gaumen.

Der Gourmetkoch Fidelio ist der Hauptdarsteller der (Stummfilm-)Komödie, die in der Casa Rustica in Losone gezeigt wird. Er ist verzweifelt, denn wegen eines missmutigen Gastrokritikers hat er einen Stern verloren. Was nun? Auf der Suche nach neuen Ideen streift Fidelio durch die Tessiner Täler und probiert dabei die typischen Produkte der Gegend: Ratafia, Alpkäse, Würste und vieles mehr.

Auch die Zuschauer gehen nicht leer aus: Während spektakuläre Bilder über die Leinwand flimmern, geniessen sie die Delikatessen, die ihnen aufgetischt werden. Wetten, dass Fidelio am Ende wieder einen Stern erhält?!

Sprachen: I/D/E/SP

Verpflegung: integriert

Öffnungszeiten: März bis Oktober
Mo-Do um 18.00 Uhr, Fr-Sa um 17.00 Uhr

Preise: Erwachsenen 28.- Fr. Kinder 18.- max. 30 Plätze pro Show
Nur mit Reservierung.
Unter: info@albergolosone.ch Tel.091 785 70 02

Informationen: http://www.ticinoexperience.ch

Tipp 28
Skaterhalle Vania

Wo: Riazzino (Gewerbegebiet, vom Kreisel aus sichtbar)

Dauer/Länge: je nach Öffnungszeiten

Ausrüstung: mit eigenem Skateboard oder kann gemietet werden.

Charakter: Ein kleiner, feiner Indoor Skaterpark mit Half Pipe, Rampen und Slides.

Der Skaterpark Vanja ist ein gemeinnütziger Verein in Gedenken an Vanja", einem Teeneger aus Ascona, der im Jahre 2004 als 18jähriger bei einem Unfall starb. Im Jahre 2008 verwirklichte seine Mutter und sein Bruder seinen Traum von einer Skaterhalle. Seitdem wird das Projekt von jungen Leuten mit Herz und Freude geführt. Der Verein unterstützt weiterhin Vanja's Wasserquelle in Ghana für Kinder unter dem Projekt „Un bicchiere di latte".

Zwischendurch finden Anlässe im Hangar mit DJ's, Beat-Boxer und Magic statt.

Verpflegung: keine, Festbänke stehen zur Verfügung

Öffnungszeiten:
Mittwoch, Samstag, Sonntag von 14.00 bis 19.00 Uhr
Donnerstags , Freitags von 17.00 bis 20.00 Uhr
Montag und Dienstag geschlossen.

Preise: Donnerstag/Freitag Eintritt 5.- Fr. Andere Tage Eintritt 10.- Fr.

Informationen: www.skateparkvanja.ch

Tipp 29
Schatzsuche - Geocaching

Wo: Überall im Tessin, überall auf der Welt.

Dauer/Länge: Bis man nicht mehr mag.

Ausrüstung: Ein Handy oder GPS Gerät, Kleidung nach Witterung.

Via Computer gratis testen oder das App „Geocaching" runterladen.

Charakter: Wenn Sie dies lesen, kennen Sie Geocaching noch nicht. Wenn Sie gerne draussen sind und Schatzkarten lieben, dann ist das was für Sie. Einen Schatz suchen mit der ganzen Familie und parallel dazu Sehenswürdigkeiten sehen, Geheime wunderschöne Orte besuchen, Geschichte erleben oder einfach den Platz geniessen. Probieren Sie es aus.

Sie öffnen das Geocaching App (könnten dies auch am Computer machen und die Infos ausdrucken) und sehen auf einer Übersichtskarte wo in der Umgebung es „Schätze" hat. Überall auf der Welt gibt es Personen welche diese Schätze, eben diese „Caches" verstecken. Mal ganz schwierig, mal einfach, mal mit Rätsel, mal mit Geschichten etc. Am Ende findet man eine Box mit Log-Buch drin sowie vielfach auch Kleingegenstände, dh man tauscht sich etwas aus. Findet somit evt. eine Spielfigur und hinterlässt dafür einen Radiergummi. Die Box ist gut versteckt, damit andere Passanten diese nicht in den Abfall werfen. Sie könnte hinter einem Stein, in einer Höhle, in einer Mauer etc. sein. Und manchmal sind sie ganz schwierig zu finden.

Mit Geocaching kommen Sie an Orte in der Region, wo Sie sonst als Besucher vom Tessin kaum kommen würden. In der Nähe von Locarno gibt es bereits über 207 Geocaches.

Verpflegung:-

Öffnungszeiten: das ganze Jahr

Preise: Gratis oder die jährliche Geocaching Mitgliedschaft 30.- Fr.

Informationen: www.geocaching.com

Tipp 30
Klettern - Bouldern Indoor/Outdoor

Wo: Riazzino im Schulgebäude.

Achtung, Schlüssel muss extern in der Nähe geholt werden, bei:

Motel Bamboohouse in 6595 Riazzino   Tel 091 859 14 22
Osteria del Sole in 6516 Cugnasco   Tel 091 859 28 97

Schlüsselgebühr von 40.- Fr. muss hinterlegt werden oder ID.

Dauer/Länge: -

Ausrüstung: keine

Charakter: In einer Art „Bunker" in der Schule von Lavertezzo Piano-Riazzino sind Klettermöglichkeiten für Anfänger sowie für Fortgeschrittene. Der Raum ist eher länglich und nicht hoch. Der Boden ist mit dicken Matten ausgelegt. Es geht darum, die Griffe zu üben und auszuprobieren ohne Sicherung und Seil. Nicht sehr gross aber es lohnt sich vorbeizugehen und das Klettern mal auszuprobieren, oder überhängende Griffe zu üben, nicht nur für die Kleinsten, aber auch schon mit den Kleinsten möglich.

In Brione Verzasca gibt es eine Outdoor-Kletterwand.
www.brionebouldering.com.

Im ganzen Tessin hat es diverse Möglichkeiten um zu klettern. Weitere Infos auf www.ticinoboulder.ch.

Verpflegung: keine

Öffnungszeiten: Der „Bunker" ist täglich von 8.30 bis 22.00 Uhr geöffnet.

Preise: gratis bis ca. 10.- Fr.

Informationen: Info Service: Franco Ramelli, Tel 091 751 45 57

Tipp 31
Geführter Spaziergang zu den Kraftorten
des Monte Veritàs

Wo: Monte Verità bei Ascona (oberhalb)

Dauer/Länge: 09.30 - ca. 11.20 Uhr

Ausrüstung: nach Witterung

Charakter: Führung zu magischen Felsen, heiligen Bäumen, schöne Aussichtspunkte.

Verpflegung: Restaurant Monte Verità oder aus dem Rucksack.

Öffnungszeiten: findet statt Donnerstags, Mai - Oktober

Preise: Erwachsene 25.- Fr, Jugendliche15.- Fr. Kinder bis 9 Jahre sind kostenlos.

Informationen: www.monteverita.org
Anmelden unter Tel. 091 785 40 40, info@monteverita.org

Tipp 32
Katja Boat Bar mit persönlichem Bootsausflug

Wo: Hafen von Locarno, lustiges, gelbes Partyboot
Giardini ARP, Lungolago Giuseppe Motta

Dauer/Länge: 09.00 - Mittag, je nach Markt oder Buchung.

Ausrüstung: -

Charakter: Das Katjaboat, die originelle schwimmende Bar, die ihre Kunden in Empfang nimmt, wenn es nicht gerade auf einer kleinen Rundfahrt auf dem Lago Maggiore oder einer Reise zu den Wochenmärkten in Luino und Cannobio unternimmt.

Verpflegung: An Board.

Öffnungszeiten: Detaillierte Fahrzeiten entnehmen Sie bitte aus der Website.

Preise: An die Märkte: 45.- pro Person, Kinder bis 10 Jahre 25.-
inkl. Kaffee, Orangensaft, Gipfeli.

Mieten Sie das Boot für Ihren Anlass bis 30 Personen für Geburtstage, Ausflüge, Party etc. ab 250.- / Stunde.

Informationen: www.katjaboat.ch/

Tourismus - Seiten

Natürlich bietet das Tessin noch sehr viel mehr. Die Tourismusbüros geben Ihnen sehr gerne weitere Auskünfte. Informieren Sie sich auf folgenden Internetseiten:

www.ascona-locarno.ch (inkl. Onsernonetal und Centovalli)

www.tenero-tourism.ch (inkl. Verzascatal)

www.vallemaggia.ch (Valle Maggia)

www.gambarogno.ch (Seeufer Lago Maggiore Gegenüber Locarno)

www.bellinzonatourismo.ch (Bellinzona Region)

www.luganoturismo.ch (Lugano Region)

www.ticino.ch (Allgemein)

1. Auflage 2015
© TRESIEMI . CH-6596 Gordola

Text, Fotos & Herstellung: Nadja Tresiemi
www.garni-elisabetta.ch . www.ausflugstipps-locarno.ch

Herstellung und Verlag:
BoD - Books on Demand, Norderstedt
ISBN 9783738610550